Matthieu MERIOT

Observations et photographies

Tome 1

Photographies enneigées

Editions BoD

Notes de l'auteur

Né en 1999, Matthieu MERIOT est un jeune adulte engagé contre le harcèlement scolaire. Il aide avec son compte Twitter : Journal d'un harcelé (@MatthieuMERIOT), avec sa chaîne YouTube : Matthieu MUSIQUES, fort du soutien de son entourage.

"Photographies enneigées" est son premier ouvrage. D'autres sont en prévision.

Prologue

En grandissant, j'ai découvert la photographie.

La lumière du matin, du soir, des saisons qui défilent m'ont fait découvrir l'art de la photo.

Au fil de mes balades, j'ai joué avec mon appareil sur la nature qui m'entoure.

Aujourd'hui, je partage celles prises sous la neige.

Partie 1

Instants neigeux sur la nature

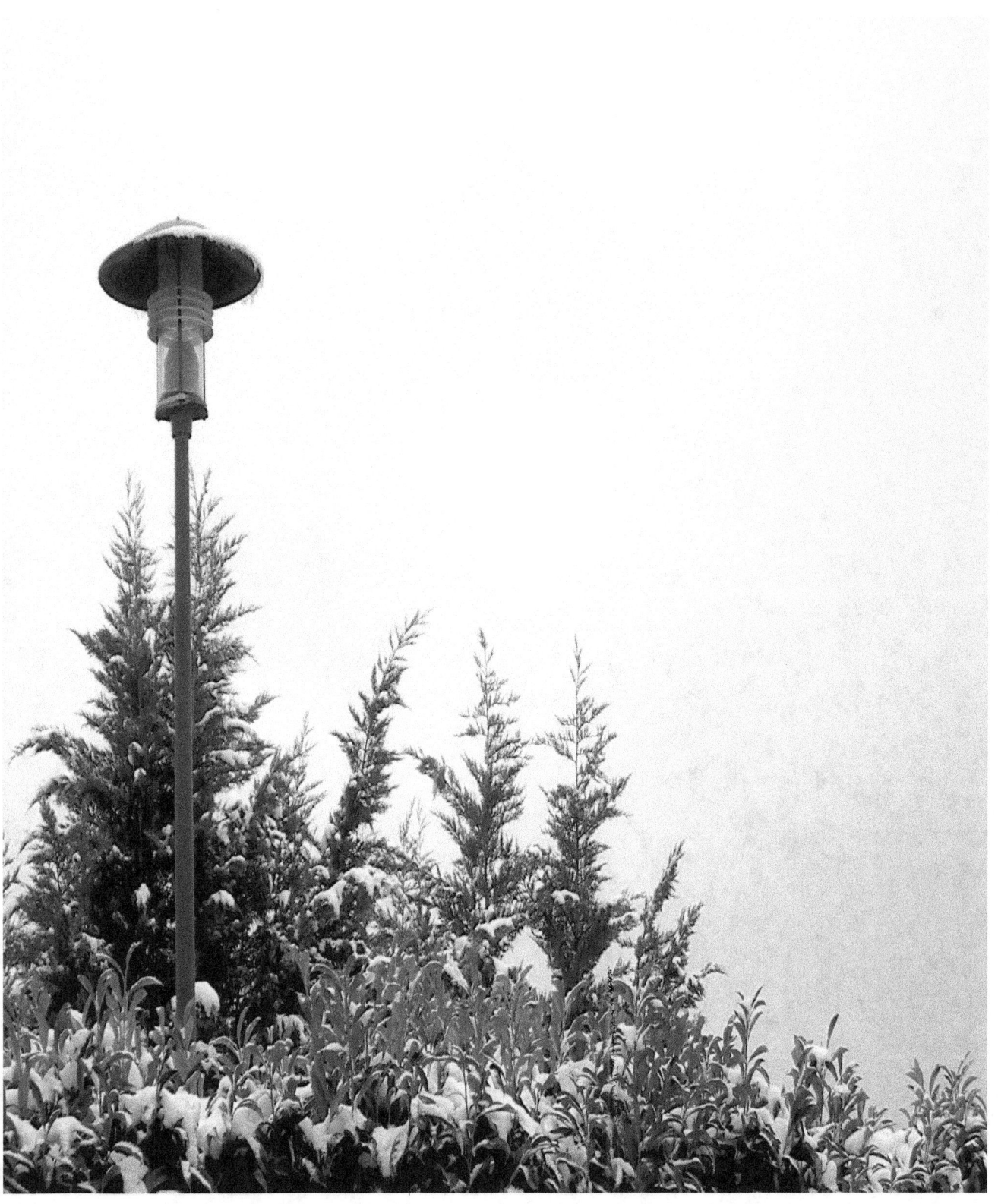

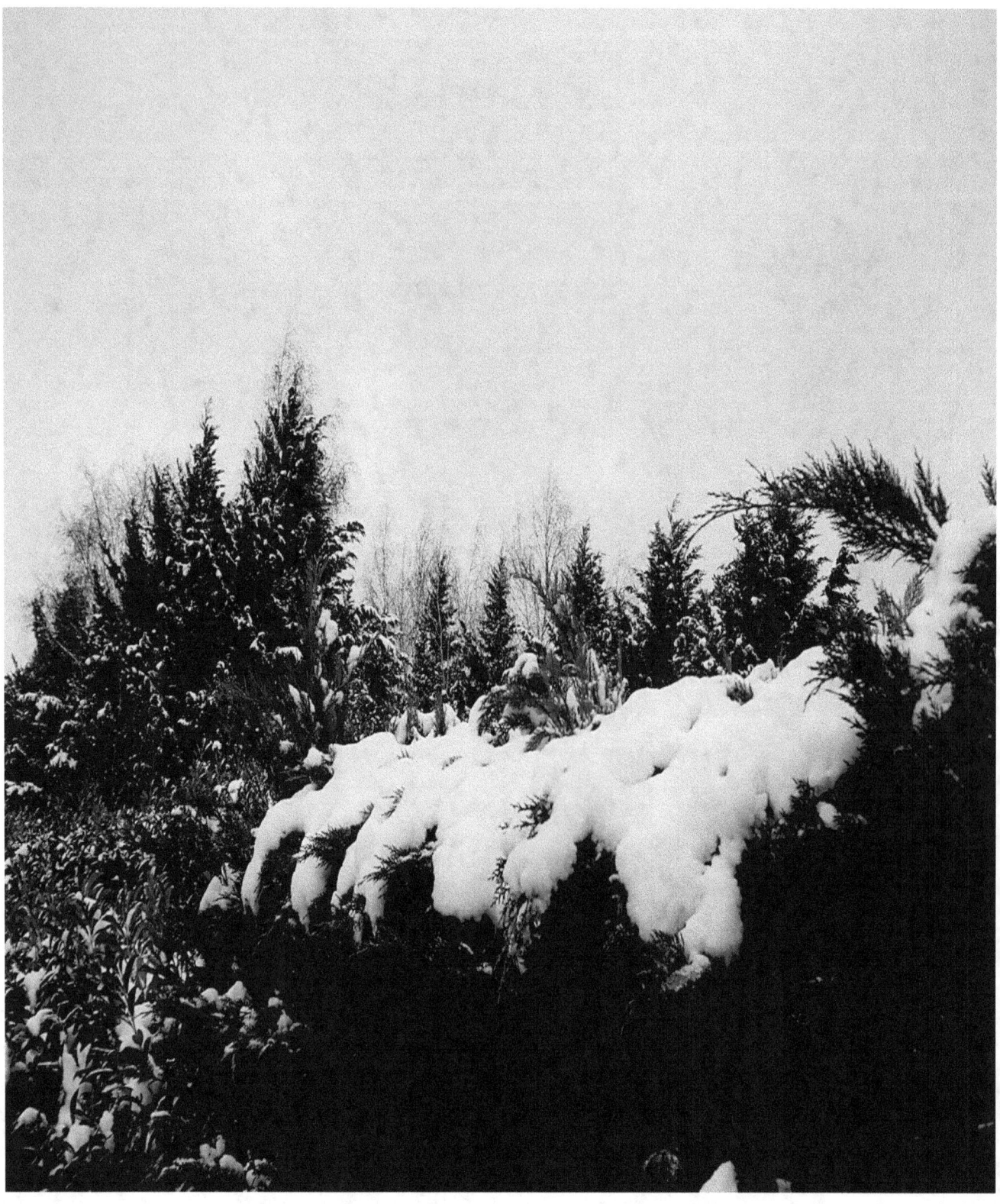

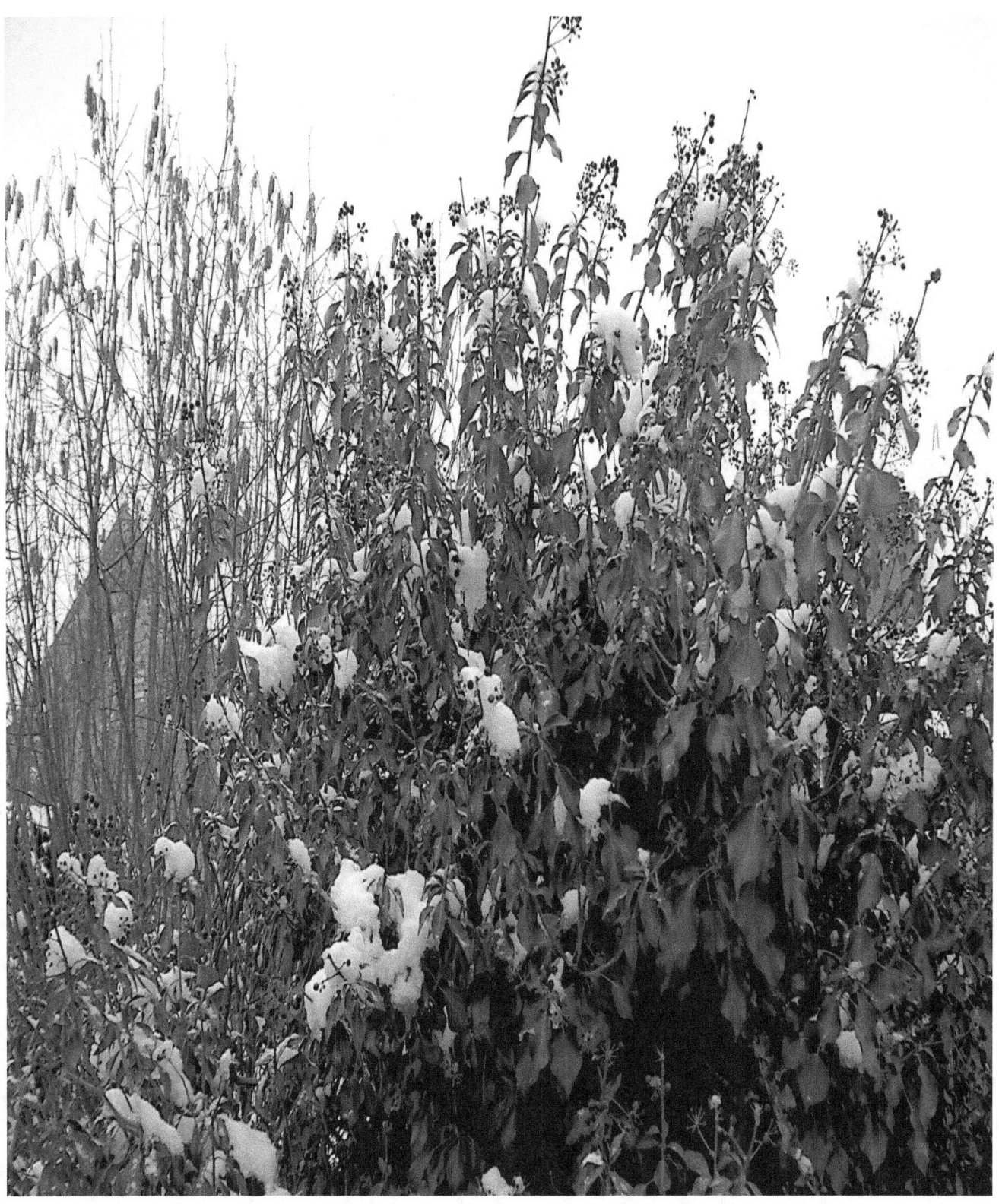

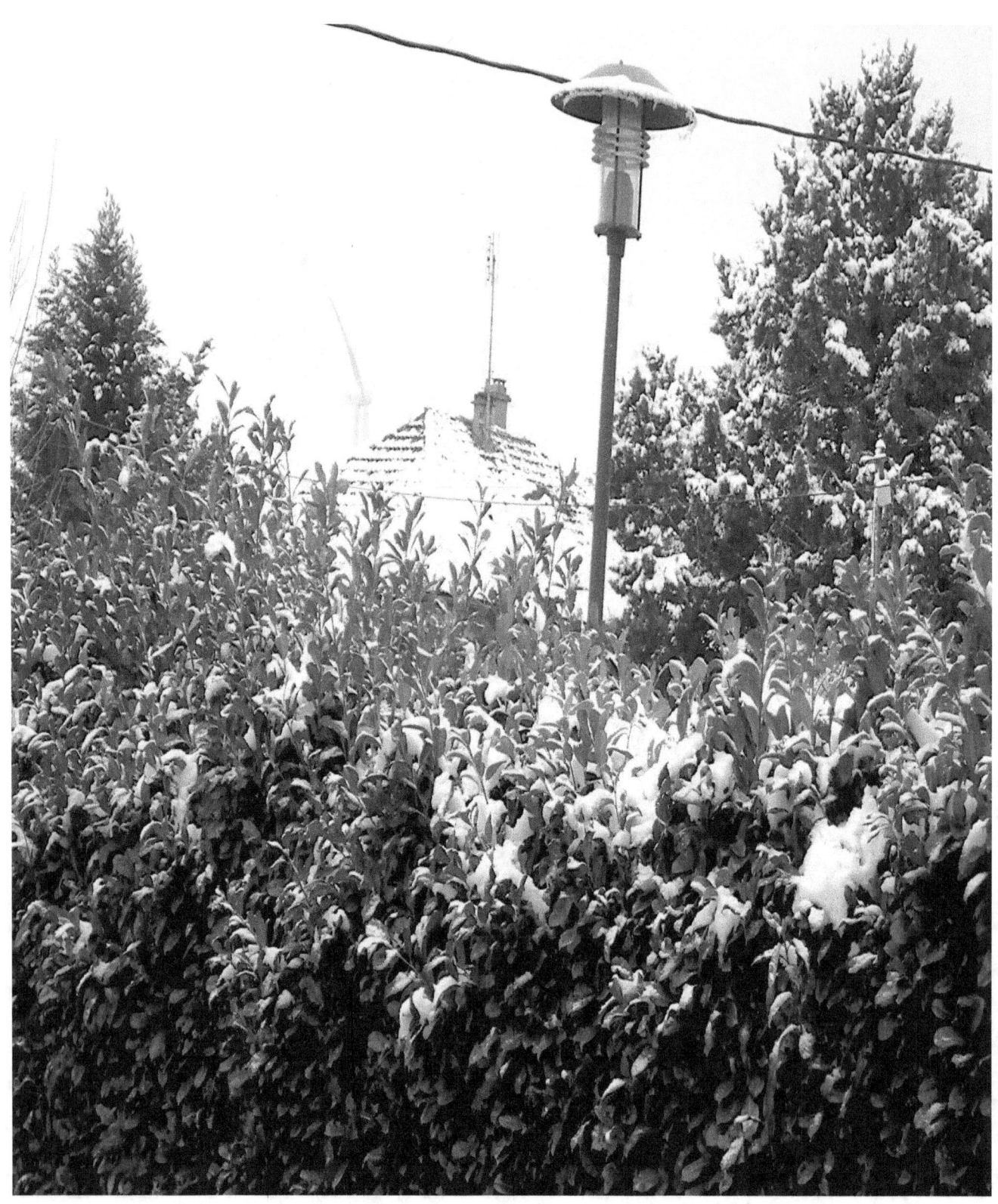

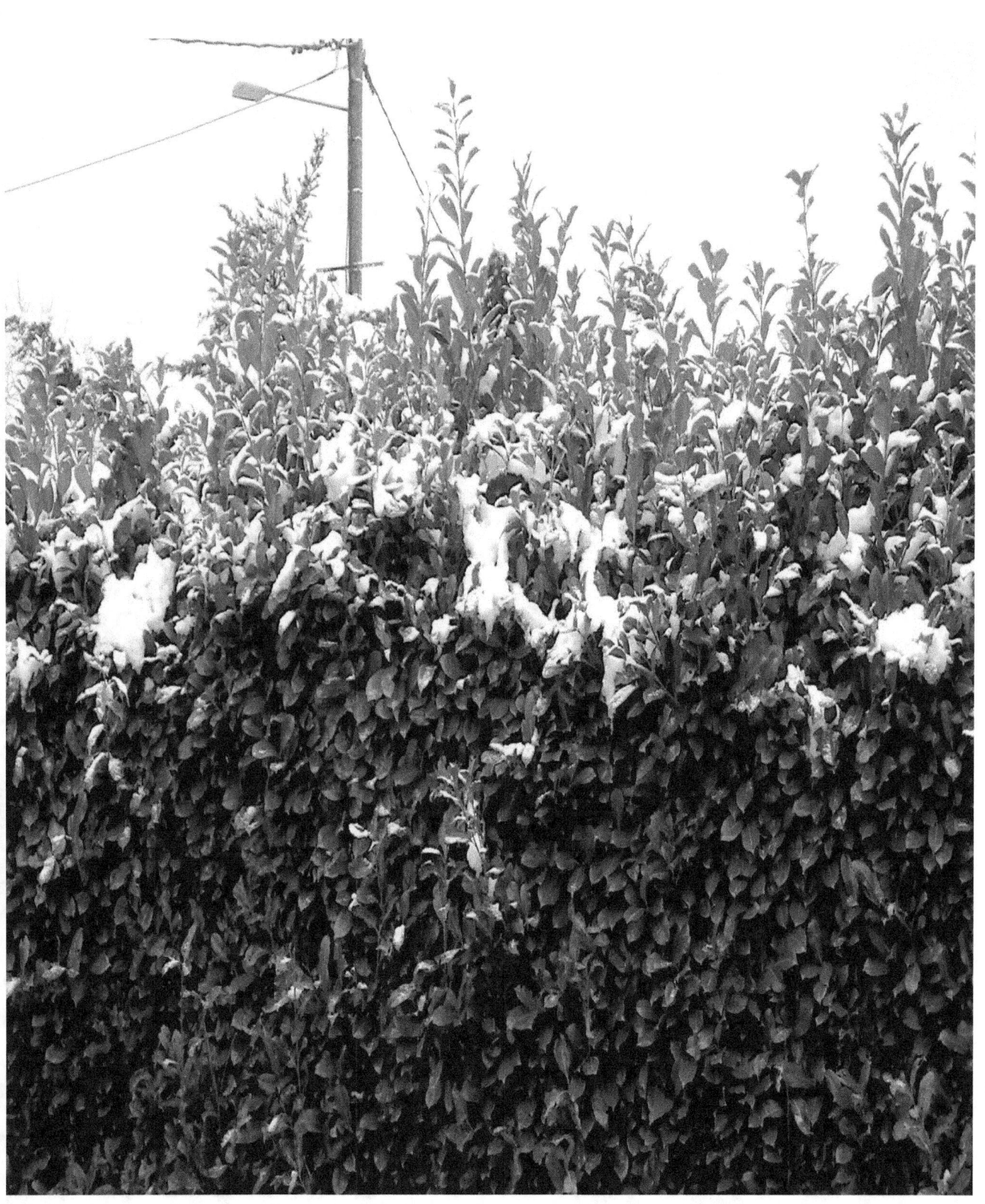

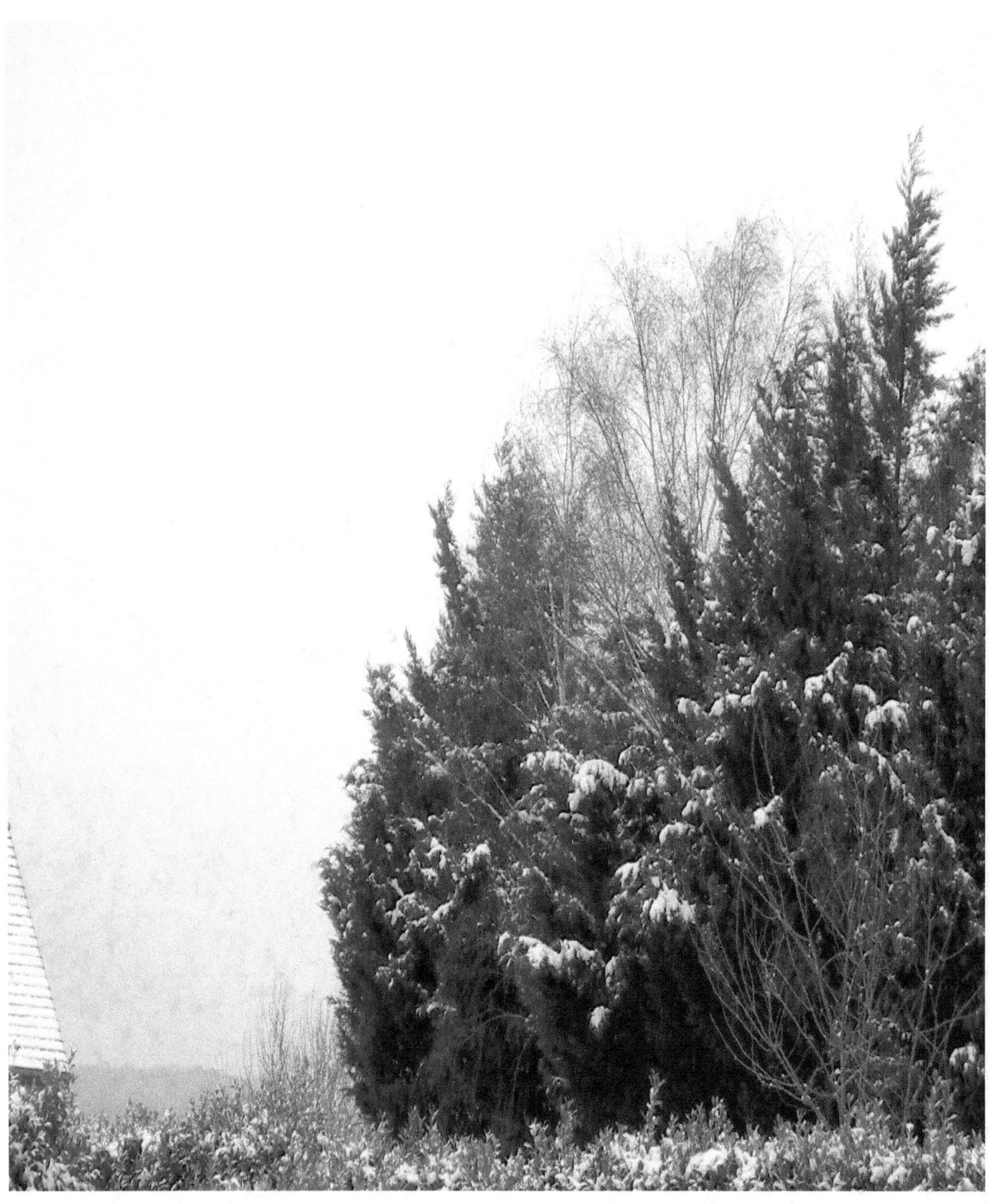

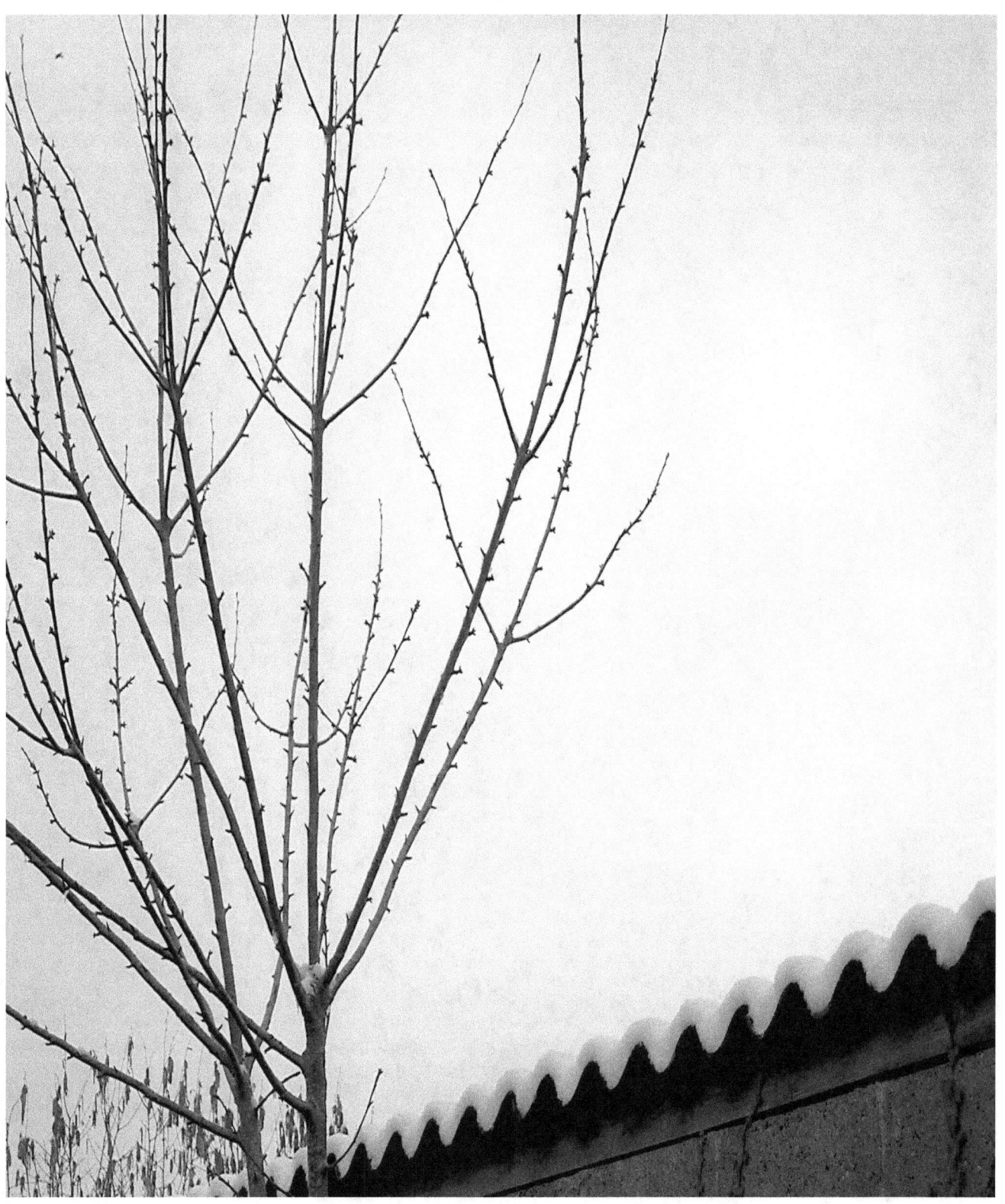

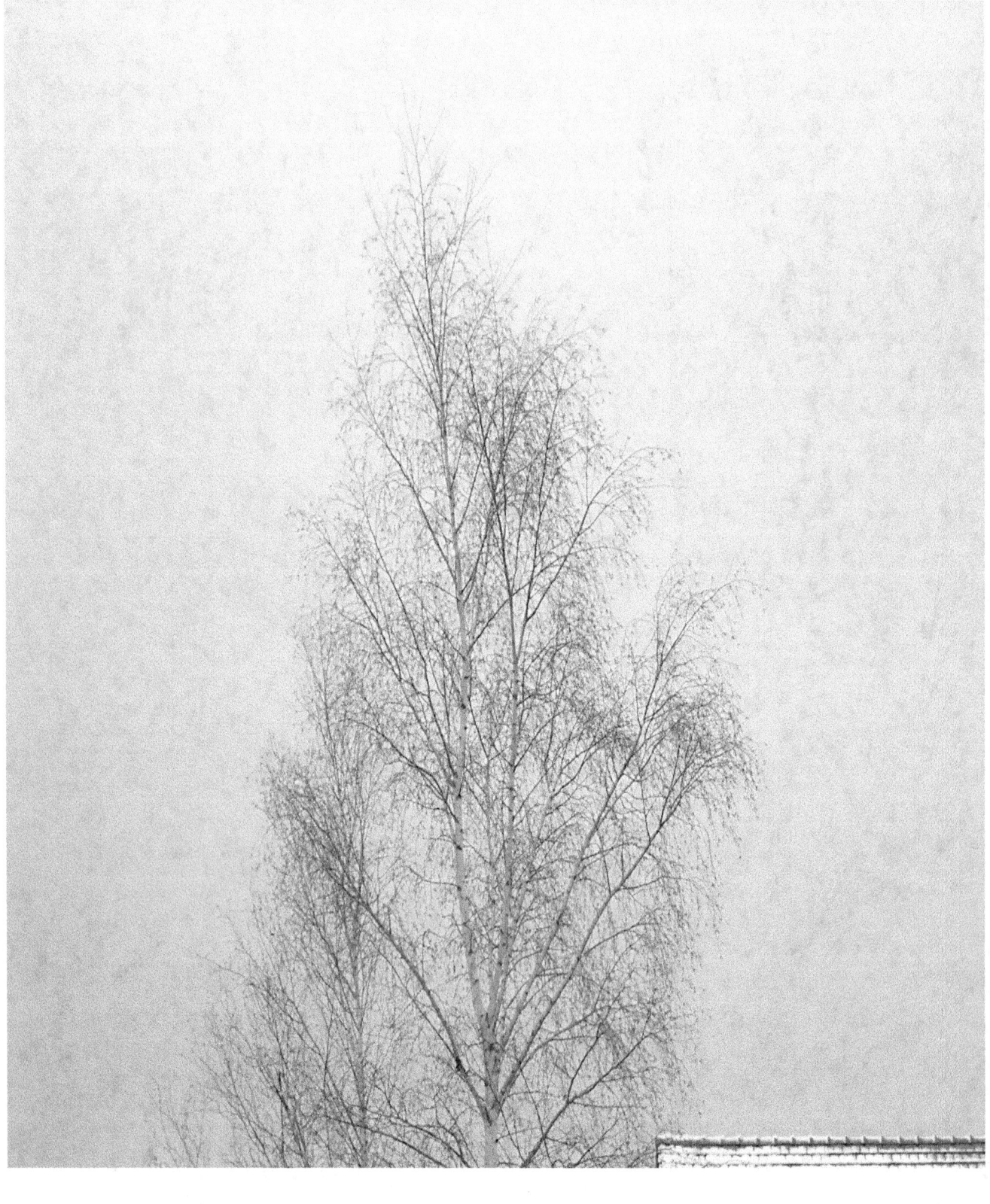

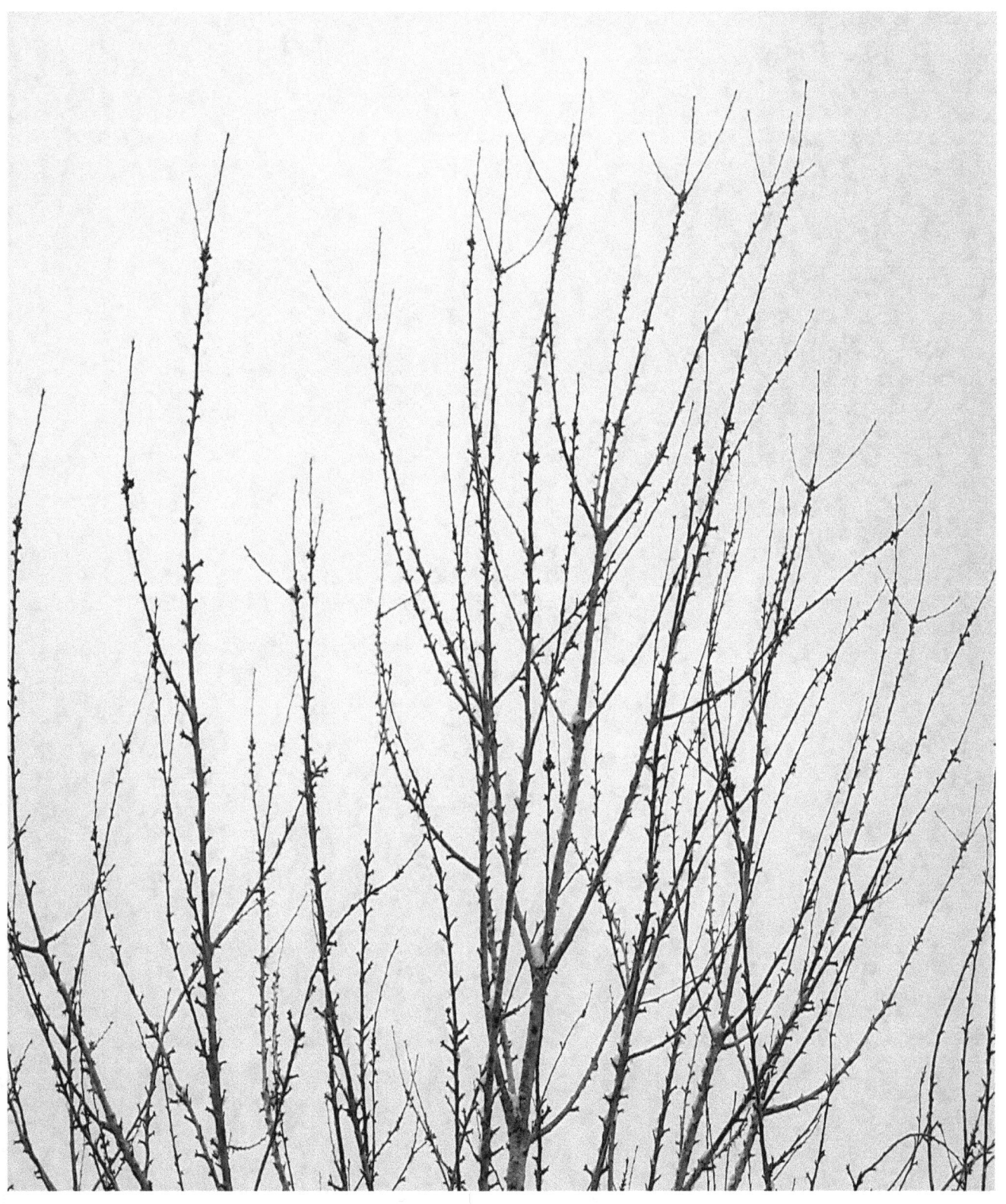

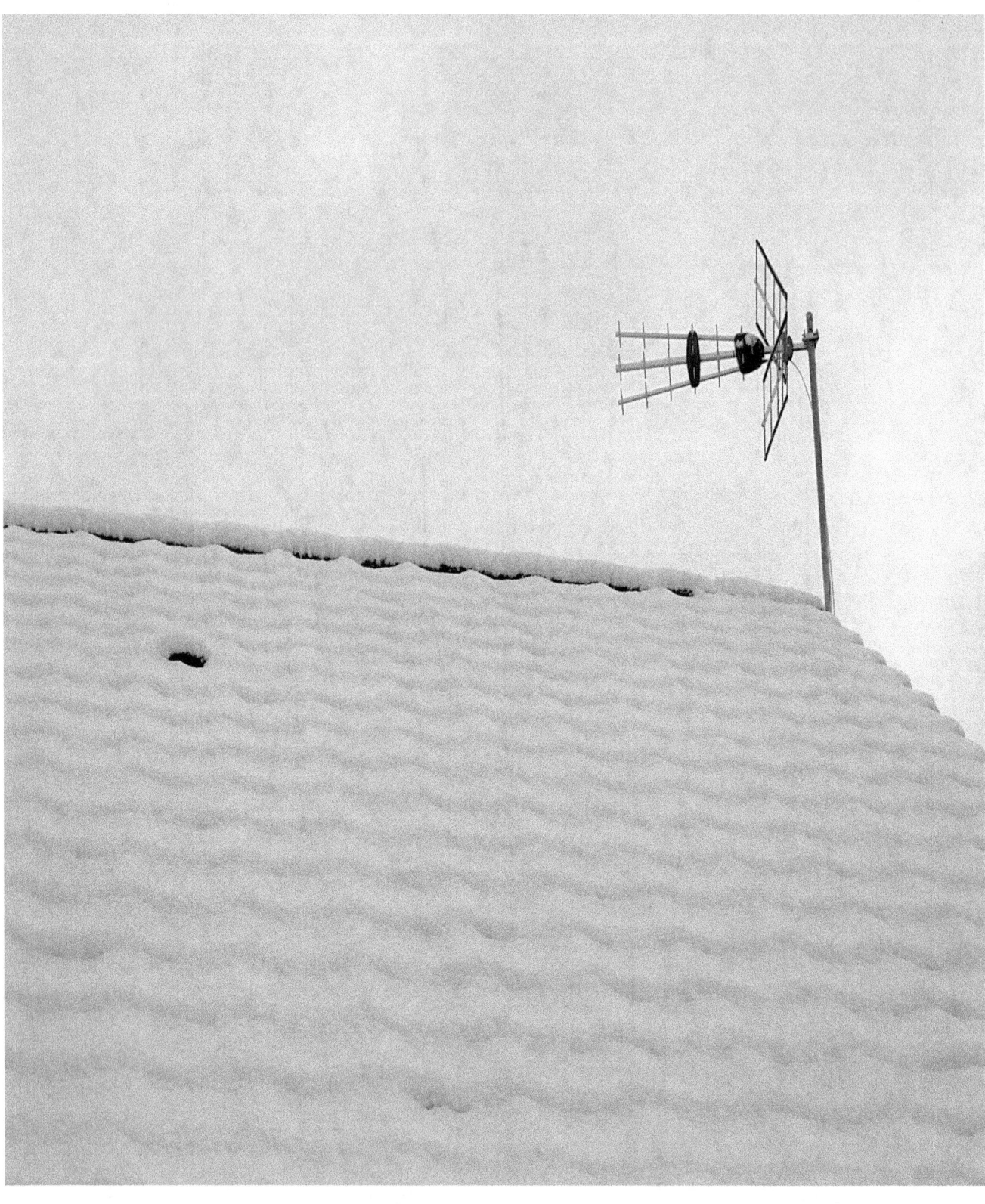

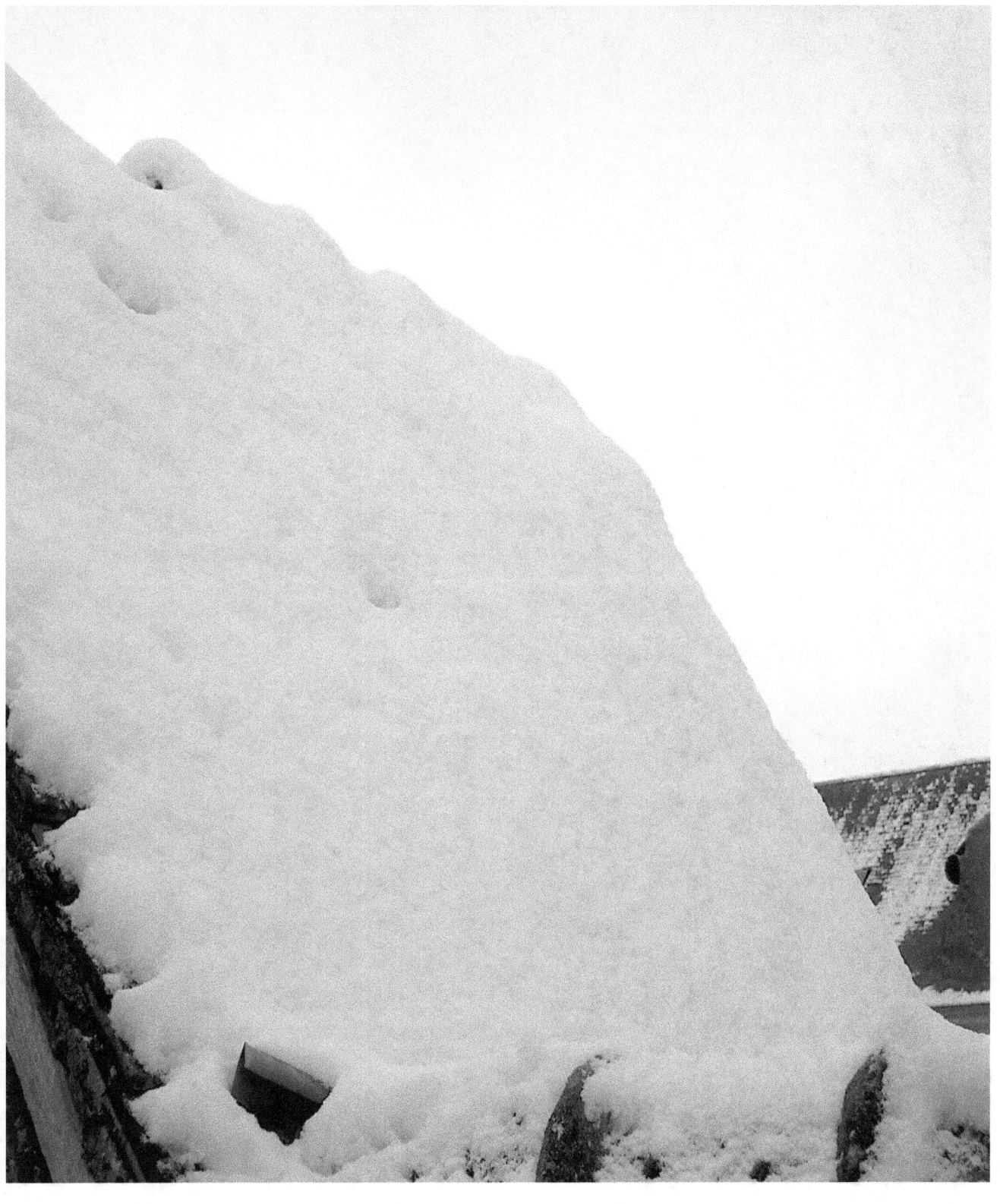

Partie 2

L'instant fonte des neiges

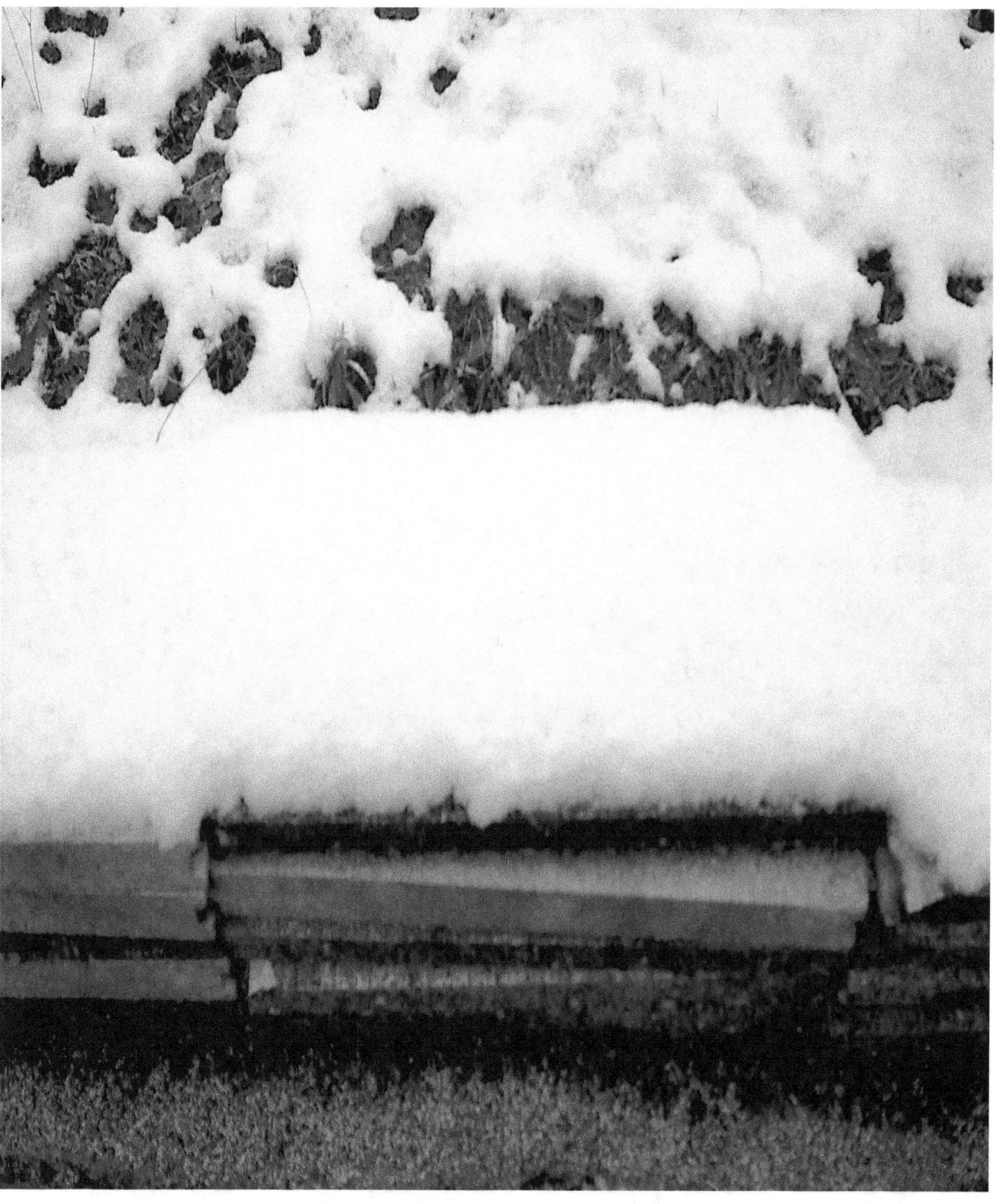

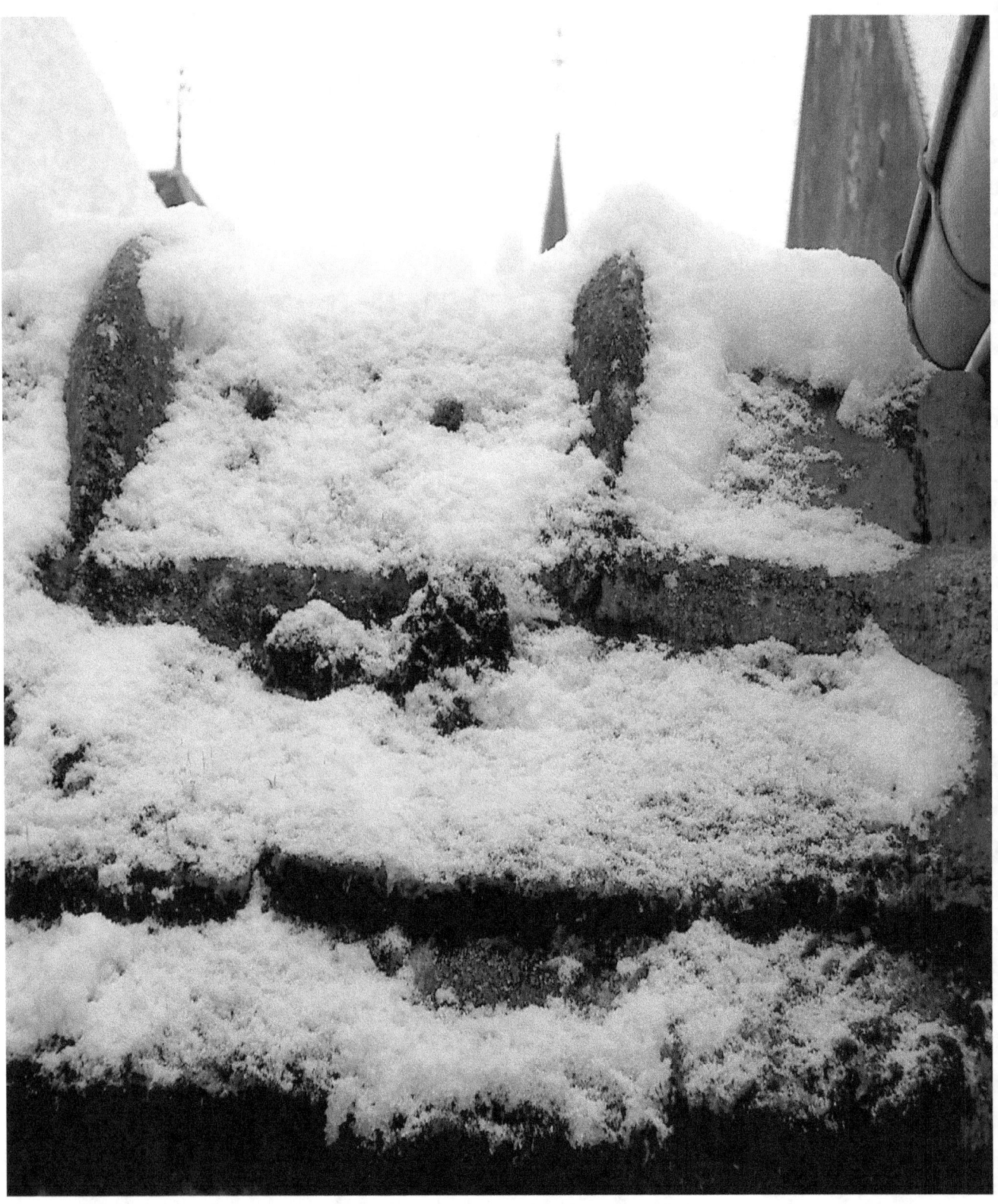

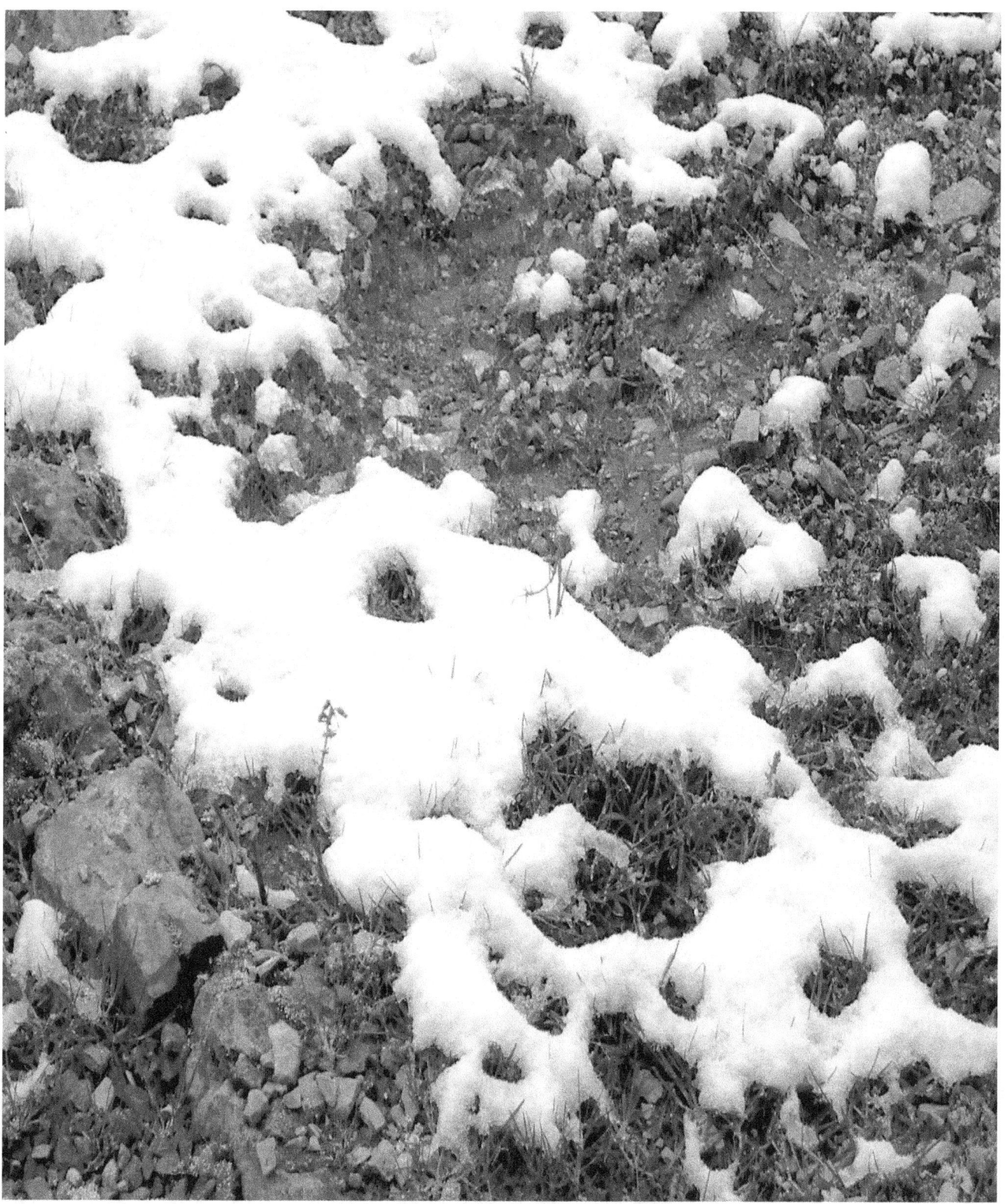

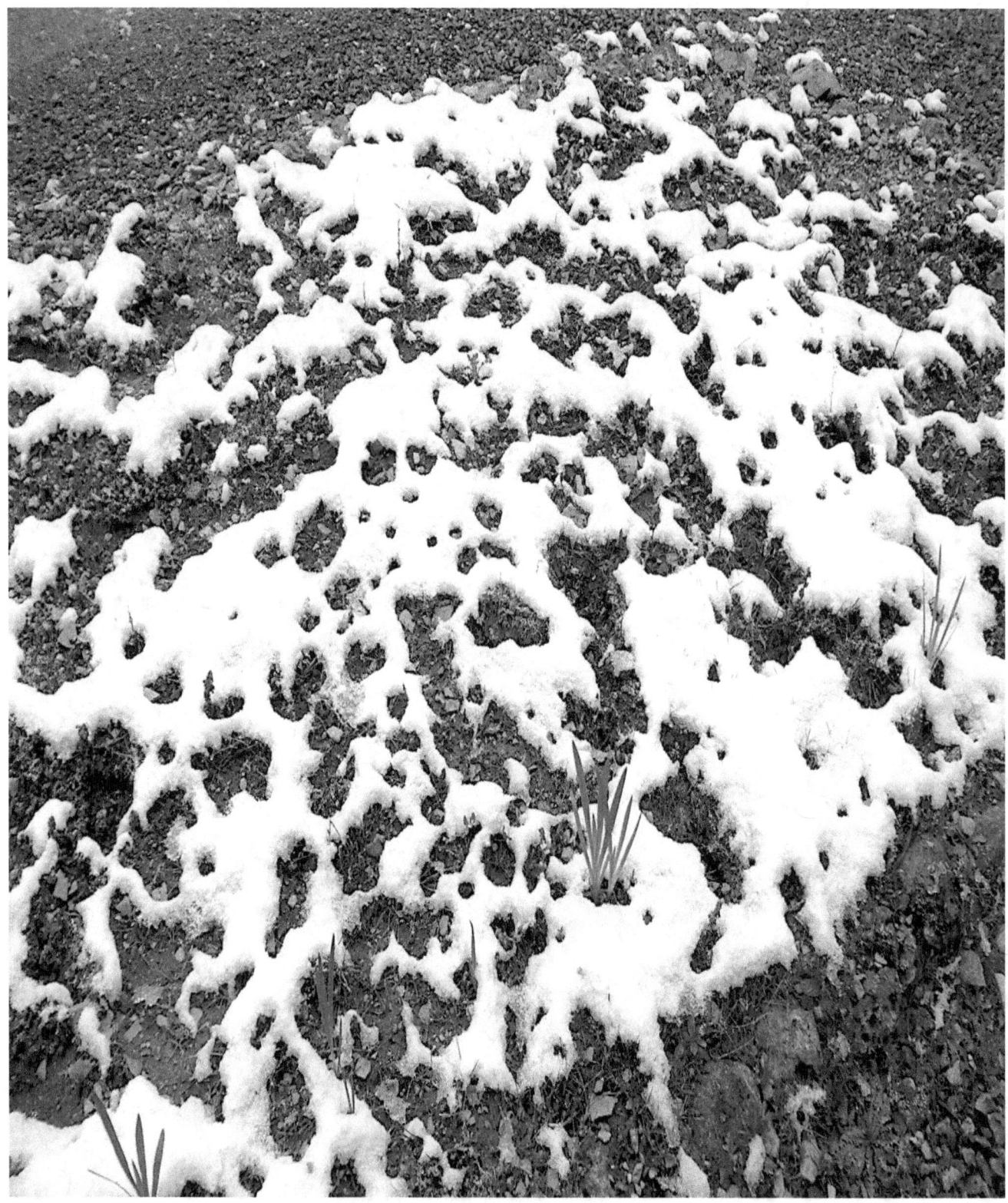

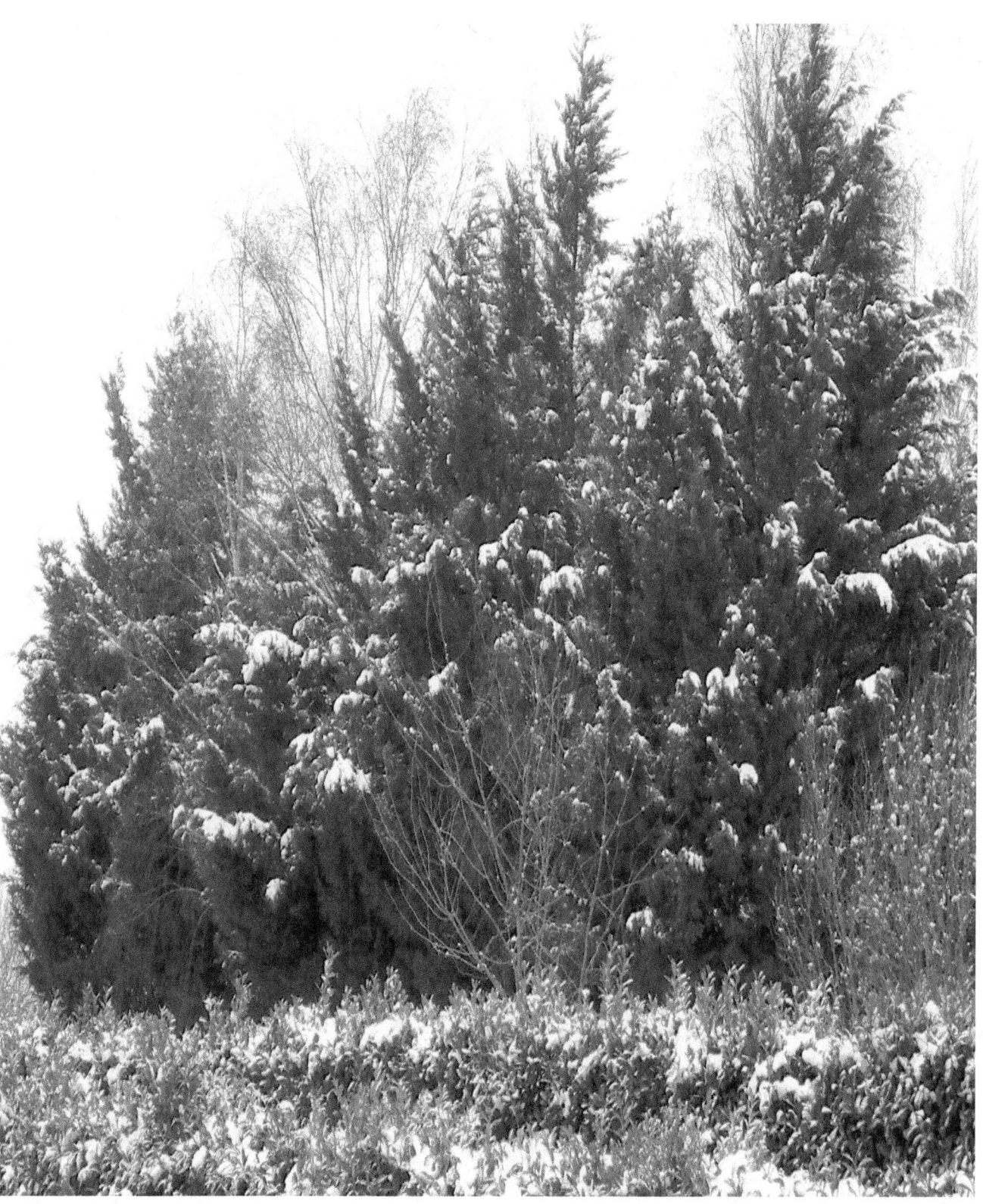

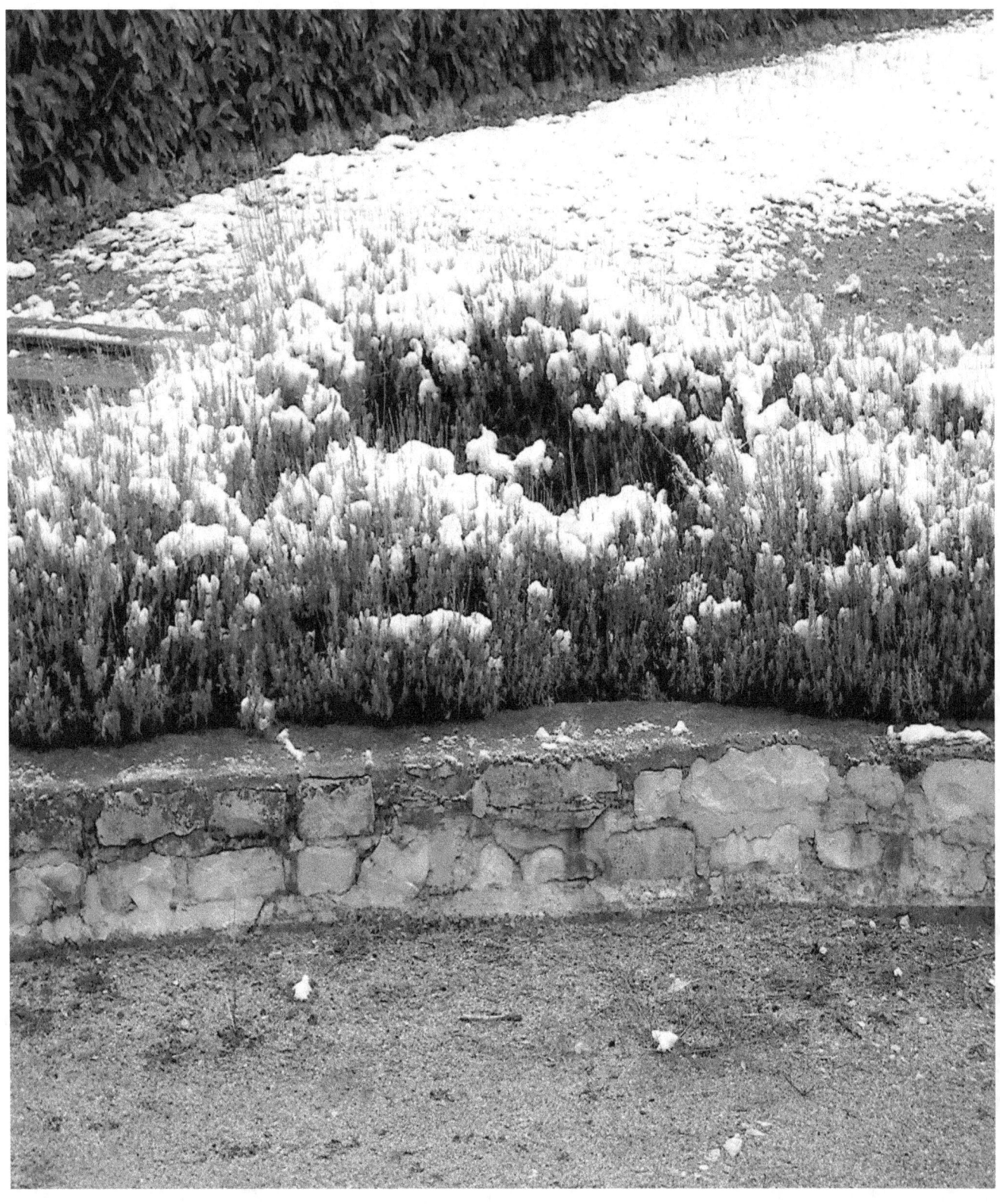

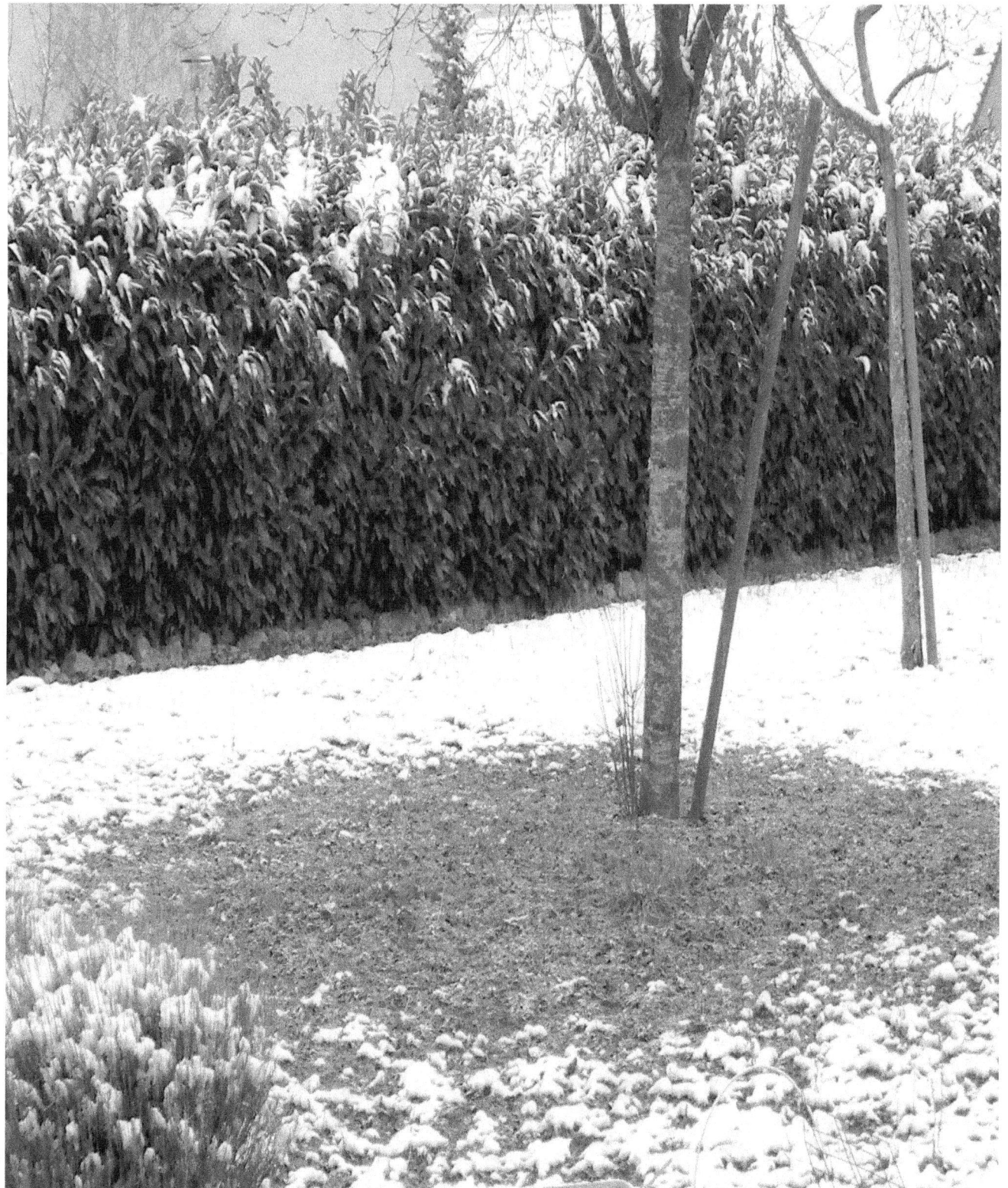

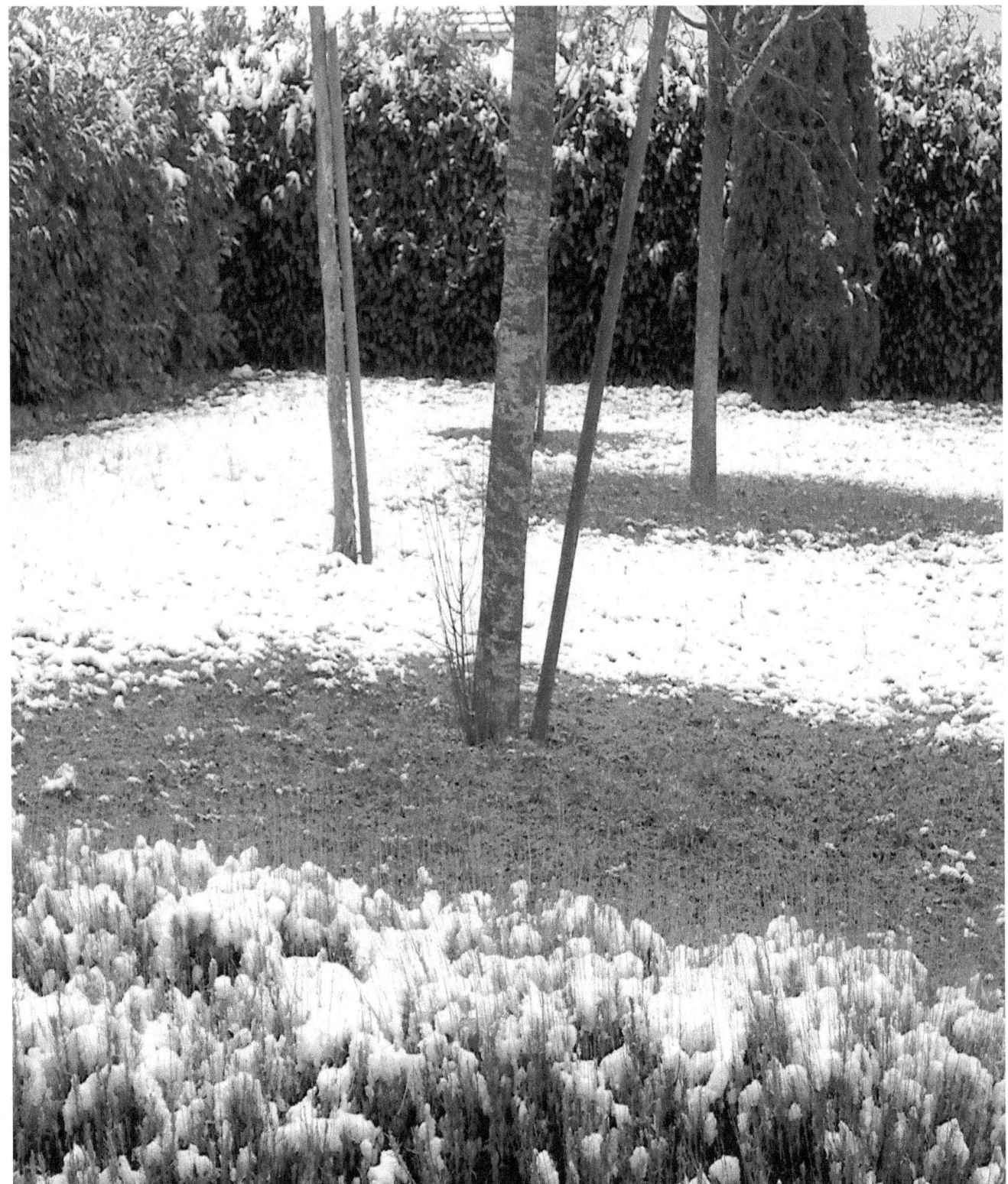

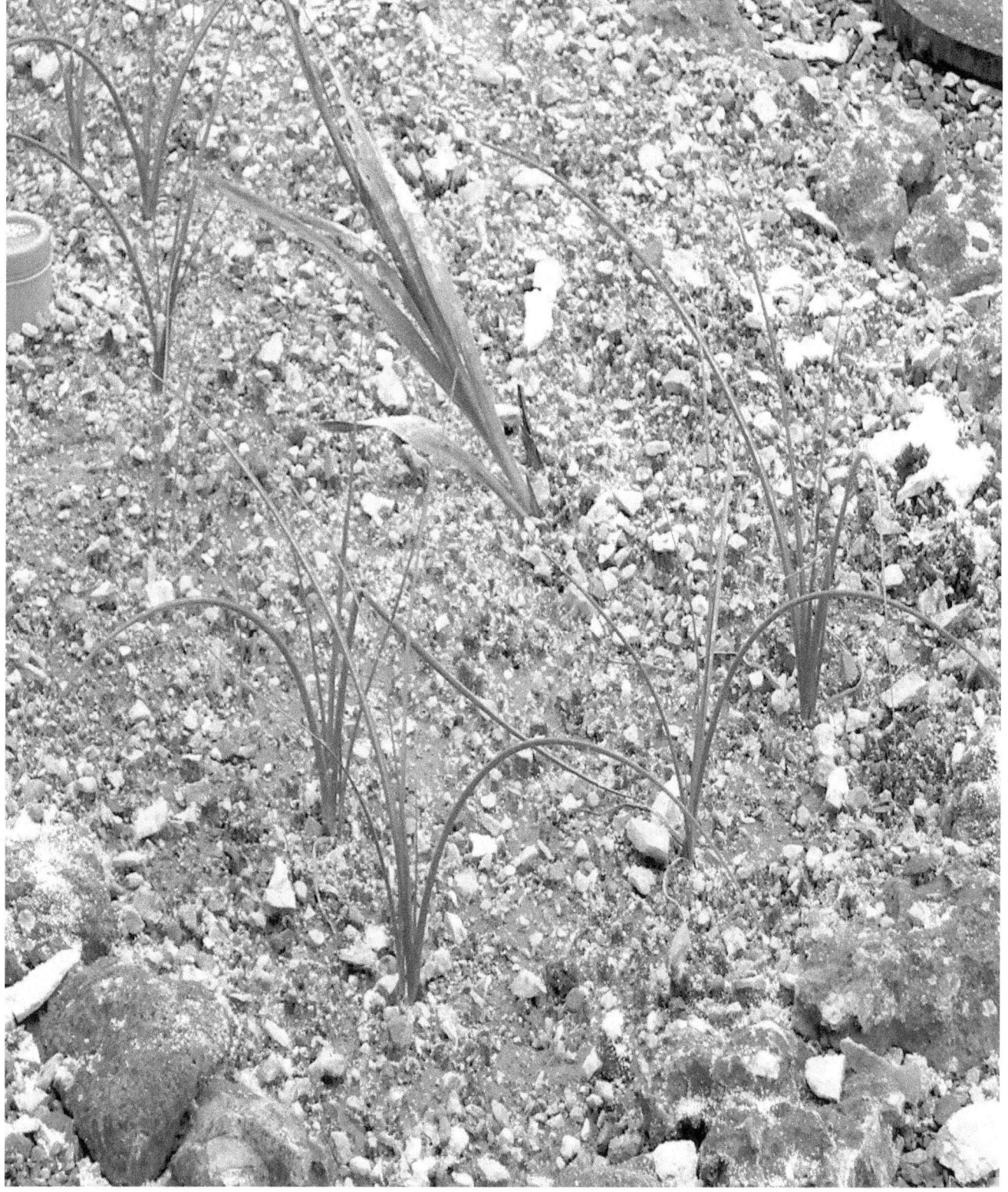

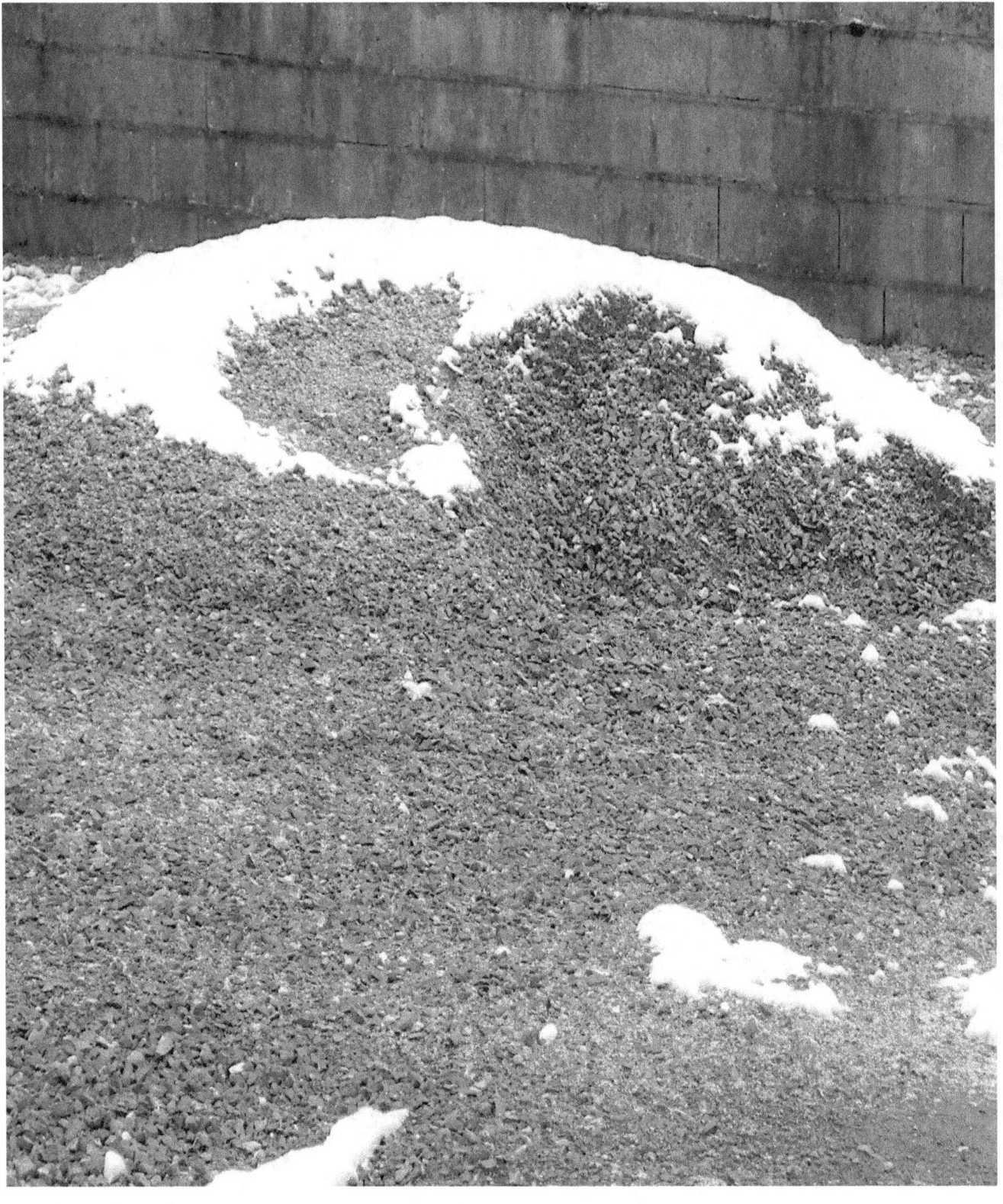

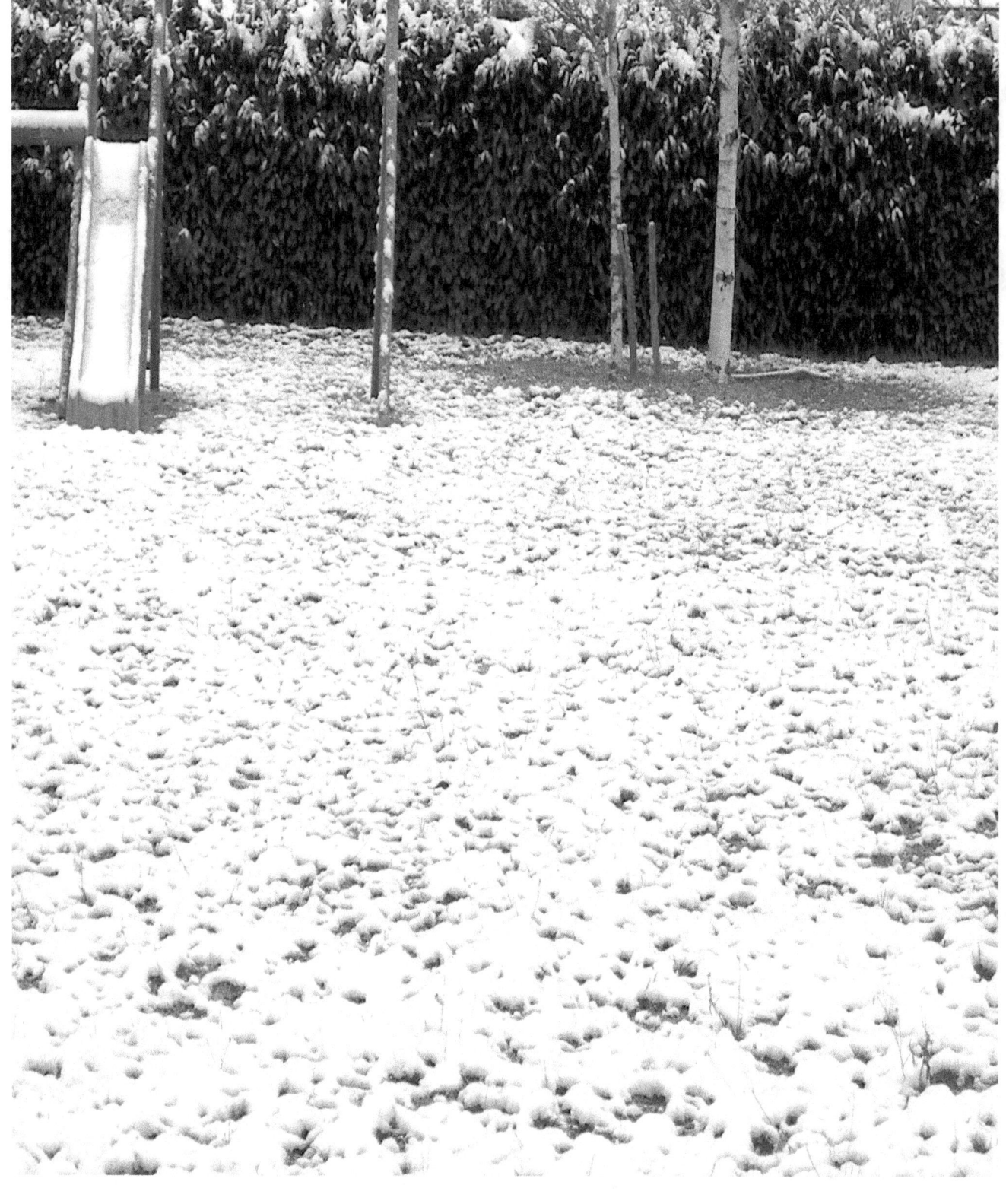

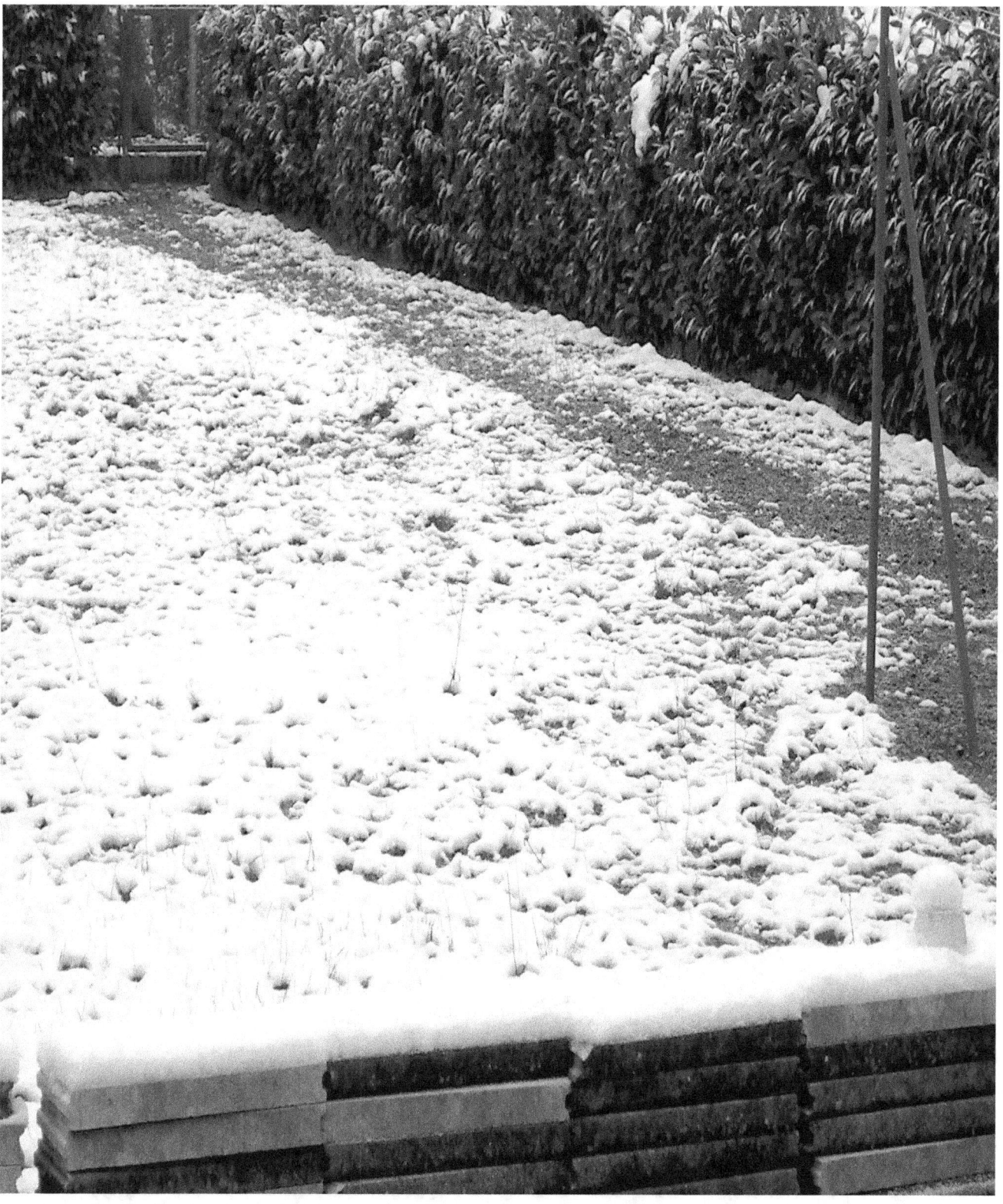

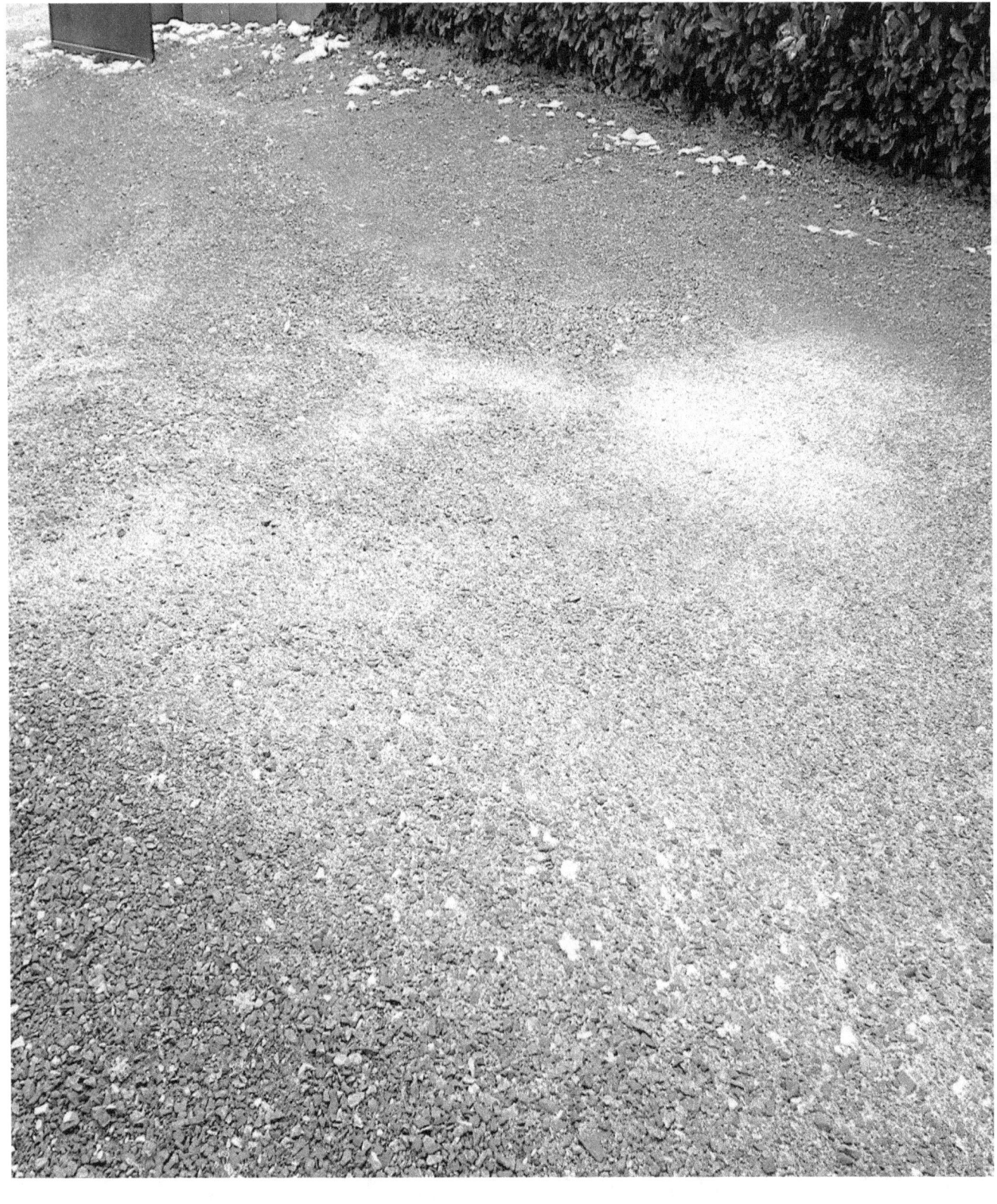

Remerciements

Je remercie mes proches pour leur soutien, leur aide au quotidien.

Un merci tout particulier pour mon amie Aurélie Mathilde Paulus, écrivaine, pour sa gentillesse, sa patience, ses conseils.

Et merci à vous, d'avoir feuilletés ce recueil.

© 2018, Meriot, Matthieu
Edition : Books on Demand,
12/14 rond-Point des Champs-Elysées, 75008 Paris
Impression : BoD - Books on Demand, Norderstedt, Allemagne
ISBN : 9782322123070
Dépôt légal : mai 2018